Joh. von Schweitzer

Der einzige Weg zur Einheit

Ein Beitrag zur Besprechung der nationalen Frage

Joh. von Schweitzer

Der einzige Weg zur Einheit
Ein Beitrag zur Besprechung der nationalen Frage

ISBN/EAN: 9783744613620

Hergestellt in Europa, USA, Kanada, Australien, Japan

Cover: Foto ©ninafisch / pixelio.de

Weitere Bücher finden Sie auf **www.hansebooks.com**

Der

Einzige Weg zur Einheit.

Ein Beitrag

zur

Besprechung der nationalen Frage,

von

J. B. v. Schweitzer,

Dr. jur. und Advocat zu Frankfurt am Main.

Frankfurt am Main.

Franz Benjamin Auffarth.

1860.

Druck von C. Adelmann.

Inhalt.

———————

Einleitung.

Arme, bejammernswürdige Nation! Deine Größe in dem Reiche des Geistes, wozu dient sie — sie scheint dazusein, deine politische Erbärmlichkeit vor aller Welt in desto grellerem Lichte bloßzulegen!

Was wollen wir, wornach streben wir? Werden wir ewig ein Spielball des Auslandes bleiben, zerrissen und elend — oder dürfen wir hoffen, dereinst eine große, gewaltige Nation zu sein?

Wenn rohe und unwissende, wenn corrumpirte und erschlaffte Völker große Zwecke verfolgen, wer wundert sich, ihr Streben in trostloses Nichts zerfallen zu sehen? Aber das deutsche Volk — darf es sich nicht unter die besseren Nationen zählen?

Die Begabten der andern Völker lauschen dem Liede des deutschen Dichters, fühlen die ergreifende Gewalt und Größe deutscher Kunst, denken den Gedanken des deutschen Denkers noch einmal, beugen sich vor den Schätzen des Wissens, die in dieser Nation Gemeingut geworden, wie in keiner andern, und verehren unsere Achtung vor dem Rechte und der Moral.

Aber fragt unsere Nachbarn, was sie denken, wenn eine politische Regung durch Deutschland geht. Was

1

ist die Antwort? Ein mitleidiges Achselzucken! Weiter nichts!

Und doch sind es 40 Millionen Menschen, denen dieses Achselzucken gilt! Und doch sind es reiche blühende Länder, die diesen 40 Millionen gehören — blühend durch den Segen des Himmels und blühender durch das Streben ihrer Bewohner.

Und diese Nation mit ihrer physischen und numerischen Kraft, mit ihrer geistigen Bewegung, mit ihrem segensreichen schönen Lande, ist sie denn wirklich null in dem Rathe, der die Geschicke des Welttheils regiert? Wozu Winkelzüge? Wozu Worte der Beschönigung? Antworten wir offen und rückhaltlos: Wir sind null.

Sonderbar! 800,000 Soldaten, circa 30 Fürsten, die für uns sorgen, und doch — null!

Aus hundert reichen Städten, aus tausend armen Hütten, im Norden wie im Süden höre ich den ergrimmten Ruf: Wir wollen die Einheit der Nation!

Da es nun dringend wünschenswerth ist, daß in Betreff dieser nationalen Idee die Begriffe in Deutschland sich möglichst klären, und es wirklich Leute gibt, welche allen Ernstes den Bundestag und die Nationaleinheit zusammenhaben wollen, Leute, die da glauben, die Einheit Deutschlands werde möglicherweise durch die Cabinete oder den Herrn von Schleinitz auf friedlichem Wege herbeigeführt, so gedenke ich nachzuweisen, daß dieses Vertrauen auf die Cabinete oder eines derselben vollständig illusorisch ist.

Ich werde die Frage an der Wurzel packen, die unerbittliche Wahrheit wird meine Führerin sein.

Zur gründlichen Klarstellung der Sache werde ich nämlich in Folgendem:

1) den gegenwärtigen Zustand Europas und insbesondere Deutschlands beleuchten, insoweit Beides für die Hauptfrage erforderlich ist;

2) nachweisen, daß das Interesse der deutschen Fürsten und das der deutschen Nation in der fraglichen Beziehung unvereinbar sind und daß aus diesem Grunde, sowie auch aus andern Ursachen von den Cabineten eine ernstliche Beförderung der deutschen Einheit vernünftiger Weise nicht erwartet werden darf; und

3) die Frage behandeln, in wie fern ein Krieg die staatliche Einheit zu bewirken geeignet sein könnte.

4) Als Resultat der sämmtlichen Erörterungen wird sich die Erkenntniß ergeben, daß die Sache der deutschen Einheit keineswegs hoffnungslos ist, die Herstellung dieser Einheit jedoch nur auf dem Wege einer radicalen Revolution erfolgen kann.

I. Die dermalige Lage Europa's.

Der jetzige Zustand der hohen Politik in Europa ist schnell charakterisirt:

Die alte Dynastie der Habsburger hat noch eine halb selbstständige Politik, wagt aber nicht mehr für dieselbe zu handeln — die Regierung der Hohenzollern verfaßt schöne Thronreden, macht mobil und dankt Gott, wenn sie mit Anstand wieder demobilisiren kann — die andern hohen Herrn kauern auf ihren Thronen und fragen leise ihre Premierminister, was in Paris geschieht und die unruhige Seinestadt ist es wieder einmal, von wo der Wind durch Europa weht und wo auf dem Throne des gewaltigen Corsen sein schlauer Erbe unantastbar mit weltgeschichtlichem Humore sitzt.

Prüfen wir die Gründe, weßhalb der Kaiser, der in seinem Titel zur grace de Dieu die volonté du peuple hinzufügen darf, gewaltig dasteht vor den Völkern Europas und warum die Herren, die sich mit der grace de Dieu begnügen müssen, froh sind, wenn ihnen der Gesandte des kühnen Eindringlings ein freundliches Gesicht macht! Aus der Erörterung dieser Verhältnisse werden wir Resultate schöpfen, welche uns für die Beurtheilung der Zukunft, insbesondere derjenigen

Deutschlands, gewichtige Anhaltspunkte bieten. Zweckt gründlicher Behandlung der Sache bin ich jedoch gezwungen, in meinen Darlegungen ab ovo zu beginnen.

I. Eine zur richtigen Würdigung politischer Vorgänge und Zustände nöthige Vorbedingung ist die Erkenntniß des in einer Zeit herrschenden Geistes, sowie zunächst der Bedeutung des Zeitgeistes im Allgemeinen.

Der Zeitgeist, als welcher, politisch genommen, die bei einer gegebenen Völkergruppe zu einer bestimmten Zeit vorhandene, aus den Bedürfnissen der fraglichen Epoche hervorgegangene specifische Richtung der politischen Anschauungsweise und der politischen Bestrebungen ist, beeinflußt mehr oder minder, sobald zur Verbreitung gelangt, die Denkungsart eines jeden Einzelnen, drückt jeder politischen Action seine besondere Prägung auf und hat eine, auf dem Zusammenwirken unzähliger einzelner Kräfte beruhende, langsam vorwärts schreitende, innere Macht. Diese Macht erhält ihre beständige Nahrung aus denselben Zeitumständen, welchen sie auch ihre Entstehung verdankte, und wirkt hinwiederum auf diese ein.

Da nun eine neue Anschauungsweise naturgemäß zu voller Geltung zu gelangen strebt, jederzeit jedoch ein bestehendes Andres von ihr vorgefunden wird, so könnte sie nur dann auf friedlichem Wege durchdringen, wenn ihr dieses andere Element aus freien Stücken wiche.

Dieses Letztere aber befindet sich immer aus der früheren Zeit her im Besitze der physischen und moralischen Mittel, welche die Innehabung der Staatsgewalt bietet, und dieser Besitz ist für die Träger desselben

mit unzähligen Vortheilen und Annehmlichkeiten ver=
knüpft; woraus folgt, daß das factisch herrschende Ele=
ment bis auf Weiteres sich zu behaupten in der Regel
sowohl den Willen, als auch die Macht haben wird.

Demgemäß nun ist der Geist einer neuen Zeit, so=
viel des Positiven er auch enthalten möge, nothwendig
darauf angewiesen, zunächst und in erster Linie n e g a=
t i v aufzutreten. Da er nun einerseits fortwährend im
Innern von Millionen Menschen keimt und treibt, da=
bei zum Durchbruch zu gelangen strebt, andrerseits seine
freie Bewegung von Seiten der Machthaber hartnäckig
niedergehalten wird, so erzwingt er sich bei günstiger
Gelegenheit, welche bei den Wechselfällen menschlicher
Geschicke immer von Zeit zu Zeit kommen muß, hie
und da in mehr oder minder gewaltsamer Weise die
Bahn zum freien Ausbruch. Solche Ausbrüche sind
jedoch während einer gewissen Entwicklungsepoche nicht
geeignet, die fragliche Anschauungsweise und ihre Prin=
zipien zur definitiven Herrschaft zu bringen, weil ver=
möge des noch vorhandenen Mangels an Klarheit der
Begriffe und Sicherheit des Wollens die wohlorgani=
sirte und consolidirte Gegengewalt leicht in die Lage
kommt, das ihr momentan Abgerungene zum größeren
oder geringeren Theile zurückzuerobern.

Auf die stattgehabte Bewegung nun folgen aller=
dings zunächst Abspannung der Kräfte und momentane
Erschlaffung; allein die gemachten Erfahrungen, die
vermöge allgemeiner und lebhafter Ventilirung der Fra=
gen schärfer in der Erkenntniß hervorgetretene Gegen=
sätzlichkeit, der gesammte Eindruck der geschehenen Ac=

tionen und ihres Verlaufes — das Alles setzt sich
nunmehr in den Geistern ab und bewirkt dadurch einerseits eine Klärung der Begriffe, andrerseits eine größere
Bestimmtheit der Absichten und demzufolge eine mar-
quirtere Parteistellung; die Gegensätze gelangen zu be-
finitiver Trennung und die entschiedeneren Geister, früher
unbewußt in dem Alten noch theilweise befangen, schrecken
nunmehr vorkommenden Falles auch vor extremen
Schritten zur Realisirung des Zeitgeistes nicht mehr
zurück.

Zwischen den Anhängern der beiden entschiedenen
Richtungen nun lavirt jederzeit eine große Masse un-
entschiedener ängstlicher Menschen hin und her, auf
welche der eigentliche Entwicklungsproceß weniger Einfluß äußert. Dieses Mittelelement ist jedoch, sobald
in den entschiedeneren Geistern die Sache zur Reife
und zum Austrag gekommen ist, in den kritischen Zeit-
punkten, vermöge seines Mangels an Thatkraft, wenig
hinderlich.

Aus der bezeichneten Natur des Zeitgeistes nun ergeben sich folgende Sätze, deren Geltung um so unbe-
dingter ist, jemehr derselbe dem Zeitpunkte seiner Reife
genaht ist.

1) Wer großartige Politik machen will, der muß,
vorausgesetzt, daß er dies thun kann, ohne
die Grundlagen seiner Machtstellung zu un-
terwühlen, auf Grund des Zeitgeistes operiren, da
dies der einzige Weg ist, eine universelle Kraft in Action
zu setzen.

2) Wenn irgend ein politischer Vorgang von einiger Bedeutung stattfat und derselbe ist nicht durch den Zeit= geist direct veranlaßt, sondern durch einen Einzelnen, dem dies vermöge seiner Stellung arbiträr möglich ist, so wird dennoch ersterer, als welcher in Millionen Gei= stern thätig ist und gewissermaßen jederzeit auf eine Ge= legenheit sich geltend zu machen lauert, gleichsam aus unzähligen Winkeln hervorbrechen, um sich an die frag= liche politische Bewegung anzuklammern, derselben seine Richtung zu geben und sich zuletzt derselben ganz zu bemeistern; kurz wo etwas vorgeht, ist sogleich der Zeit= geist bei der Hand, die Sache für sich auszubeuten und sich dieselbe dienstbar zu machen. Vermöge seiner einge= tretenen Erstarkung aber und vermöge seiner Allgegen= wart kann dies leicht und unvermerkt, ja unter Um= ständen plötzlich gelingen.

Hieraus nun ergibt sich bei weiterer Ueberlegung, daß diejenigen Potenzen, gegen welche der Geist der Zeit sich richtet, bei vorgeschrittenem Stadium seiner Ent= wickelung jede politische Action von Bedeu= tung vermeiden müssen, weil man deren weiteren Verlauf, insbesondere deren schnelle Beendigung, niemals mit Gewißheit voraussehen kann, deren Verlauf aber der beständig lauernden feindlichen Macht irgend einen willkommenen Anhaltspunkt für ihre Thätigkeit bieten, kurz den angehäuften Brennstoff plötzlich zur hellen Flamme entzünden könnte.

Mit andern Worten: die dem Zeitgeist feindlichen Potenzen sind nunmehr das wahrhaft Negative, sind nunmehr jeder großartigen Action unfähig, in jeder

Handlung gelähmt und lediglich darauf angewiesen, ab=
zuwehren und mit Ach und Krach ihr Dasein zu fristen.

Von der ändern Seite aus betrachtet aber ist um=
gekehrt Folgendes ersichtlich:

Wenn die dem Zeitgeist feindlichen Potenzen anfan=
gen, ängstlich zu werden, zu temporisiren und zu lavi=
ren, jede entschiedene That wie das Feuer zu meiden,
kurz, sich so zu betragen, als ob sie froh wären, daß
sie das Leben hätten, so ist dies ein schlagender Beweis,
daß sie selbst ihre Ohnmacht dem Geiste der
Zeit gegenüber fühlen, daß sie die Künstlichkeit
und Unhaltbarkeit ihrer Machtstellung empfinden und
daß daher der endliche Austrag der Sache
nahe sein muß.

II. Worin nun besteht der Geist unserer Zeit?

Zwei Prinzipien sind es, welche mit einander im
Kampfe liegen:

Das Eine heißt: Autorität, Unterwerfung,
Unterordnung!

Das Andere: Vernunft, Freiheit, Gleichheit!

Das Eine Prinzip sagt: Geheiligt von Gott und
der Weihe der Jahrhunderte haben wir Staatsgrundge=
setze, kirchliche und soziale Einrichtungen und Anschauun=
gen, Rechtszustände überkommen, welche um der hö=
heren Sanction und um ihrer selbst willen
ehrwürdig und unantastbar sind.

Das andere Prinzip sagt: Nieder mit der Beherrschung
der Geister, nieder mit jedem Hemmniß freier Bewegung und
nieder mit jeder Schranke, die den Menschen von dem gleich=
gebornen Menschen trennt. Bauen wir auf den Trümmern

des Alten eine neue Ordnung auf, die mehr und mehr alle Menschen gleichmäßig zu beglücken strebt. Mit andern Worten: Die volle Gerechtigkeit für Alle und in Allem ist das Postulat der neuen Zeit.

Manchem wird die Definition der neueren Richtung zu weit gefaßt erscheinen. Aber man vergesse nicht, daß die moderne Bewegung des Geistes nicht gestern begonnen hat und — wenigstens ihrer tieferen Bedeutung nach — nicht morgen enden wird, und wer vor der Perspektive solcher Zukunft erschrickt, der bedenke, daß der Fortschritt im Völkerleben nach Menschenaltern zählt und freue sich, daß er nicht allzuviel des Fortschrittes zu erleben braucht.

Anknüpfend nun an die Erörterung von der Natur des Zeitgeistes im Allgemeinen habe ich Folgendes hier zu constatiren.

In allen Culturstaaten Europa's, England ausgenommen, ist mehr oder minder der Geist der neuen Zeit mit dem aus früheren Epochen herübergebrachten Elemente in einen gewaltsamen Kampf getreten. Das Alte hält sich durch Mittel der Gewalt; das Neue lauert auf die Gelegenheit, durch Mittel der Gewalt an die Stelle des Alten zu treten.

England ist ausgenommen. In dem britischen Reiche finden wir einen dem übrigen Europa fremden Zustand, herbeigeführt ebensowohl durch die Gunst der insularischen Lage, als welche zur Zeit des Ueberganges der mittelalterlichen Feudalstaaten in die modernen Bureaukratenstaaten der Krone jeden Vorwand zum Halten stehender Heere entzog, ebenso den Staat im Allgemeinen vor schädlichen, von außen kommenden Störungen bewahrte, als auch vermöge des glücklichen Umstandes, daß im Jahre 1688 ein Mann da war, auf den die Blicke aller Parteien sich richten konnten und richteten, und dieser Mann redlich und tüchtig zugleich war, so wie auch endlich vermöge der dem englischen Charakter eigenen Zähigkeit im Festhalten an den freiheitlichen Begriffen. Der englische Staatsorganismus im Großen und Ganzen ist das glückliche Resultat geschichtlicher Fortentwicklung, während sich im Einzelnen, vermöge der zähen Natur des Rechtsstaates, unzählige Mißstände fortschleppen. Die Vortheile sind hier ohne die Nachtheile nicht denkbar. Es genügt für unsern Zweck zu constatiren, daß die Verfassung Englands und der politische Sinn des Volkes die einzelnen im Gesammtvolksleben factisch wichtigen Elemente immer noch rechtzeitig auch rechtlich und formell zur Geltung gelangen ließ; daß Englands Verfassung und Rechtszustand auch nach ihrer dermaligen Lage die Mittel zur weiteren Beschreitung dieser Bahn in sich tragen und daß hierin eine eigenthümliche, nur durch das Zusammentreffen vieler günstigen Vorbedingungen und die Sanction der Jahrhunderte bewirkbare Garantie gleicherweise für die Sicherheit des Rechtszustandes wie für den Fortschritt der Entwicklung liegt. Jedoch wird hierdurch nicht ausgeschlossen, daß England vermöge der innigen Wechselbeziehungen innerhalb der europäischen Culturstaatenfamilie von großen europäischen Bewegungen einen gewissen Stoß und Impuls erhält (wie bereits mehrmals geschehen).

Ich habe den englischen Staatszustand darum hier in specieller Ausführung als höchst eigenthümlich und in keiner Weise durch plötzliche Actionen nachahmlich dargelegt, um ein= für allemal jede Berufung auf Eng= land in Betreff unserer Zustände abzuschneiden.

Kehren wir zum Allgemeinen zurück!

Da, wie bemerkt, der moderne Prinzipienkampf (in den verschiedenen europäischen Staaten mehr oder minder vorgerückt) im Allgemeinen nur auf gewaltsamem Wege zum Austrag gelangen kann und die Culturstaaten der europäischen Völkerfamilie in innigen Wechselbeziehungen mit einander stehen, so ist leicht ersichtlich, daß ebenso wie im Jahre 1848 der gesammte Continent durch einen irgendwo stattfindenden gewaltsamen Ausbruch von Be= deutung aufgerüttelt werden kann. Es fragt sich nur: Wann und in welchem Maße?

III. Wenn wir uns nochmals den dermaligen Zu= stand der hohen Politik in Europa vergegenwärtigen; wenn wir sehen, wie ängstlich und schwach die Regie= rungen aller Staaten dem französischen Kaiser gegen= über dastehen; wie jeder Vorfall in Paris sie in Bewe= gung und angstvolle Spannung versetzt, so dürfen wir wohl fragen: Ist es die kriegstüchtige französische Ar= mee allein, die dem Kaiser der Franzosen diese großen Erfolge verschafft hat?

Nimmermehr!

Die Throne der altlegitimen Fürsten sind auf die Ideen einer vergangenen Zeit basirt; der französische Kaiser aber ist ein Kind der Revolution; er ist auf den Wellen der modernen Geistesbewegung emporgestiegen. Laßt ihn despotischer herrschen, als alle Monarchen Europas; er vertritt dennoch die Revolution, er fußt dem Princip nach auf der volonté du peuple, er hat die Erbschaft von 1789 angetreten. Er hat gesagt: Ich bin stolz darauf, ein Parvenu zu sein, und er hat Recht, stolz darauf zu sein; denn die Welt braucht politische Parvenu's.

Die Andern aber, die altlegitimen Monarchen, fußen auf dem starren, ihren Völkern fremd gewordenen Boden der Autoritätsideen; sie dürfen nicht gleich dem Emporkömmling an der Seine wagen, die freie Bewegung der Völker zur Unterstützung ihrer Politik in die Schranken zu rufen; sie zittern vor der lauernden Macht des neuen Geistes, der endlich die Herrschaft erringen will. Läugnet mir Jemand, daß die legitimen Fürsten in ihrem Innern sich darüber entsetzen, daß aufrührerische Bevölkerungen in Italien ihre rechtmäßigen Souveraine zum Lande hinausjagen, weil sie nicht mit ihnen zufrieden sind? Soll vielleicht die ganze Masse der legitimen Fürsten in Europa Sympathieen mit Vorgängen haben, welche die Basis ihrer Existenz in den Grundvesten erschüttert, Sympathien mit der Beraubung des Pabstes, welcher so gut wie jeder andere europäische Monarch der legitime Souverain seines Staates ist und welcher überdies das Autoritätsprincip wie kein anderer vertritt? Ist einer so einfältig zu glauben, wenn es auf ein Machtwort der legitimen Fürsten ankäme, dürften die Italiener gemächlich und gemüthlich ihre Revolution fortsetzen? Nimmermehr! Aber sie fühlen sich zu schwach, etwas zu thun, sie sehen ängstlich und entsetzt aber thatenlos zu, wie der **Parvenu** ihre heiligsten Prinzipien mit Füßen tritt, fürchten von jedem frischen Luftzug den Umsturz ihres vermoderten Machtgebäudes und beugen sich vor dem Sohne der Revolution.

Was beweist uns diese gänzliche Halt- und Rathlosigkeit der Regierungen? Sie beweist uns, daß sie selber fühlen, daß ihre Zeit vorüber ist, sie beweist uns, daß sie nicht mehr an sich selbst und ihre Sache glauben.

Dieses Resultat ist ein gewichtiges; es ist entscheidend für den Blick in die nächste Zukunft.

Ich muß hier — um dem Gegner gerecht zu werden — hervorheben, daß von der allgemeinen Rathlosigkeit und Schwäche auf conservativer Seite die preußische Kreuzzeitungspartei eine bemerkenswerthe Ausnahme macht. Diese Partei weiß was sie will, tritt jederzeit mit politischem Scharfblick und mit Sicherheit auf und ist (wenigstens in ihren besseren Elementen) bereit, etwas für ihre Sache einzusetzen; sie hat eine Idee und glaubt an sich selbst. Ihr Organ, auf der vollen Höhe politischer Beurtheilung stehend, ist hervorgetreten in den Stürmen der Revolution, also im Augenblicke der Gefahr und hat seit dieser Zeit unverwandt und bestimmt die Sache der aristocratisch-conservativen Principien, des historisch positiven Christenthums und der legitimen Monarchie sowohl in ihrer specifisch preußischen als auch in ihrer allgemeinen europäischen Bedeutung (hie und da auch die materiellen Interessen der unteren Volksschichten gegen einen mißverstandenen

Liberalismus) verfochten. Jedenfalls hat die Partei Energie und Zusammenhalt. Ein Kreuzzeitungsministerium im Jahre 1859 — davon bin ich überzeugt — hätte die Machtstellung Preußens anders gewahrt, als dieses halbgothaische Ministerium mit seinen prahlenden Reden von dem Schutze, den Deutschland durch Preußen finden werde. Nennt die Anhänger der Kreuzzeitungspartei Finsterlinge, Reactionäre, Volksfeinde, kurz wie ihr wollt, aber dennoch den Hut ab! Es sind Männer.

IV. Ich bin übrigens — offen gestanden — überzeugt, daß das conservative Element in Europa seine Macht einigermaßen unterschätzt. Wir sind nämlich leider noch nicht ganz so weit, als es den Anschein hat. Der Conservativismus hat noch tüchtige Kräfte. Die Beherrschung unzähliger Geister auf dem Wege des kirchlichen Einflusses, die großen Armeen, vielfach noch vorhandener Sinn für das Königthum, der Nimbus des Hergebrachten und so manches Andre sind Elemente, welche möglicherweise unter der Leitung geschickter Hände dem Conservativismus immer noch ein würdevolles und achtunggebietendes Auftreten sichern könnten, d. h. die tragi-komische allgemeine Rathlosigkeit der Regierungen Frankreich gegenüber scheint mir theilweise an deren eigener Schuld, nicht blos an der allerdings außerordentlichen Macht der Gesammtverhältnisse zu liegen. Es sitzen nämlich einerseits auf den meisten Thronen geborene Gothaer, andrerseits hat der Napoleonide vermöge seiner Schlauheit den Triumph erfochten, die legitimen Monarchen allmählich mit einander

verfeindet und untereinander verhetzt zu haben; und er
hat dies so gut angefangen, daß die Thatsache auf einmal da war, die Monarchen wußten selbst nicht recht
wie. Wie es nämlich oft vorkommt, daß eine Classe
von Leuten, welche gemeinsame wichtige Interessen haben,
wegen minder wichtiger Streitigkeiten und wegen specieller Kränkungen, die sie besser vergäßen, gegen einander operiren und sich zu schaden suchen, weil sie sich
nicht hinreichend klar werden, daß sie dadurch dem gemeinsamen Feinde in die Hände arbeiten, oder auch
weil sie nicht die nöthige Selbstbeherrschung haben, un-
angenehme Erfahrungen um des gemeinsamen Interesses
willen zu vergessen, so auch sind die legitimen Fürsten
in Europa dahin gelangt, daß sie sich hintereinander
hetzen lassen, wo sie — wenn ihre Weitsichtigkeit bezie-
hungsweise Selbstbeherrschung ihrer geheimen Gesammt-
neigung entspräche — fest und unerschütterlich zusam-
menhalten müßten.

Ich kann hier nicht umhin, noch speciell auf ein
höchst ergötzliches Schauspiel aufmerksam zu machen,
welches dermalen einer der wichtigsten Träger der Le-
gitimität aufführen läßt. Der Prinz-Regent von
Preußen nämlich geht in einer eigenthümlichen Ver-
blendung so weit, mit dem Liberalismus in ostensibler
Weise zu spielen.

Der Prinz-Regent von Preußen scheint es ehrlich
zu meinen; wenigstens habe ich keinen erheblichen Grund
das Gegentheil zu glauben. Jedermann aber wird zugeben, daß, wenn man ihm die Frage stellen würde,

ob er das Durchdringen der revolutionären Principien in Europa wünsche, er mit nein antworten würde.

Was aber läßt der Sprosse des alten Hohenzollerngeschlechtes geschehen?

Man hat dem Herrn von Manteuffel, der doch der preußischen Dynastie große Dienste geleistet hat, einen gnädigen Fußtritt gegeben, hat den Beginn einer liberalen Aera proclamirt und hat sogar Verschiedenes in diesem Sinne gethan, noch viel mehr aber davon gesprochen.

Dies hat nun allerdings momentan eine gewisse, jedoch jetzt schon der Auflösung nahe Fusion der in Preußen bestehenden liberalen Parteien und ein großes Entzücken bei allen Gothaern hervorgerufen. Die Minister scheinen sich dabei einzubilden, sie hätten für die Sache des Königthums eine große That vollbracht. Das ist das Spaßige an der Sache! Diese ausgezeichneten Staatsmänner scheinen Preußen für eine Insel im stillen Ocean zu halten, abgetrennt von aller Welt, und glauben demnach wahrscheinlich, sie dürften die europäischen Gesammtzustände ignoriren. Würden sie, ihrem beschränkten preußischen Standpunkt enthoben, den innern Zusammenhang der gesammten europäischen Vorgänge überschauen, so müßten sie wohl einsehen, daß eine zwar nicht allseitige, aber immerhin sehr bedeutende Solidarität der Interessen aller legitimen Regierungen einerseits, und der demokratischen Bestrebungen andrerseits überall vorhanden ist und daß vermöge des Zusammenhangs der europäischen Staaten und des in allen mehr oder minder vorhandenen gleichen Prinzipienkampfes eine

Niederlage des einen Prinzips an irgend einem Orte demselben allerwärts nachtheilig und umgekehrt eine Beförderung irgendwo überall nützlich ist.

Prüfen wir hiernach, welche Folgen das jetzige preußische Regime haben muß.

Wenn heutzutage, wo der Liberalismus in den Völkern zu bedeutender Macht gelangt ist, der Regent eines großen Landes in ostensibler Weise den Anschluß an den Zeitgeist proclamirt, so wird sich zwar allerdings sowohl vermöge der Leichtgläubigkeit der Menschen als wegen der hohen Autorität des Versprechenden die öffentliche Meinung dem Wahne hingeben, als ob diese neue Aera des Fortschrittes die Zustände wesentlich ändern werde; zugleich jedoch werden durch den auffälligen Vorgang die dem Bestehenden feindlichen Kräfte zu plötzlichen Hoffnungen sowie zu neuer Wachsamkeit und Thätigkeit aufgerüttelt. Eine Zeit lang begnügt man sich freilich allseitig mit Wörtern und halben Thaten, theils weil man letztere Anfangs immerhin noch für vergleichungsweisen Gewinn erachtet, theils weil man der Regierung nicht voreilig Ungelegenheiten machen, sondern überhaupt erst sehen will, wie weit sie geht. Nun sind aber speciell bei uns in Deutschland die Gegensätze zur Schroffheit gelangt; die Prinzipien des Alten und des Neuen, an sich schon schwer zu friedlicher Entwicklung (wie in England) vereinbar, haben in blutigen Kämpfen einander gegenüber gestanden; die Traditionen von 1848 haben Wurzel gefaßt; extreme Elemente sind vorhanden. Es kann sich nicht fehlen, daß der moderne Geist, nachdem seine entschiedenen Verfechter eine Zeit lang umsonst gewartet und nunmehr die angebliche Aera des Fortschrittes in ihrer Halbheit erkannt haben, mit Energie auftreten wird, um zu einer wirklichen und sicheren Geltung zu gelangen; man wird alsdann in consequentester Fortsetzung der von oben angeregten Strömung und unterstützt von den befreundeten Elementen auswärts ganze Thaten verlangen, z. B. Proclamirung der vollen Preßfreiheit und des freien Vereinswesens. Derartige Reformen aber kann die preußische Regierung nicht vertragen, weil sie damit auch dem gefährlichsten Feinde, d. h. demjenigen, in Deutschland immer mehr zunehmenden Elemente, welches die Berechtigung und politische Nützlichkeit des Königthums selbst in Frage zieht, freie Bewegung garantiren würde.

Hic haeret aqua!

Es sind nach all dem zwei Fälle möglich:

Entweder die Regierung merkt zu spät, was sie gemacht hat und muß dem allzumächtig gewordenen Zuge der liberalen Bewegung nolens volens folgen.

Oder aber — und dieser Fall ist der weitaus wahrscheinlichere, ja dessen Eintreten im Laufe der nächsten Zeit, vorausgesetzt daß keine europäische Bewegung dazwischen kommt, ist so gut wie gewiß — die Regierung sieht das Gefährliche ihrer Stellung noch rechtzeitig ein und sattelt um; da man aber die Leute vielmehr ärgert, wenn man ihnen etwas gibt und es ihnen dann wieder nimmt, als wenn man es ihnen gar nicht gibt, so wird es eben vermöge solchen Umsattelns viel böses Blut geben. Solches aber ist Sporn und Aussaat für die Sache der Revolution.

2*

Hat man nun erkannt, daß, wie die Sache auch kommen möge, das jetzige preußische Ministerium der europäischen Bewegung des Liberalismus in die Hand arbeitet, so ist auch leicht einzusehen, daß die Haltung dieses Cabinets den endlichen Austrag der Prinzipienfragen nur beschleunigen kann. Wenn aber freilich jemand glauben will, daß der moderne Geist, der keine Autorität um ihrer selbstwillen achtet, schließlich nur vor den Thronen, die auch nur auf Autorität beruhen, höflichst den Hut abziehen werde, und daher der Meinung ist, eine ostensible, auffällig gemachte Beförderung des Zeitgeistes schade den Thronen nicht, so habe ich gegen dieses Specialvergnügen eines Schleinitz'schen Politikers nichts einzuwenden. Wer weiß! Wenn einmal die europäische Revolution an die Thüren des Berliner Schlosses klopft, wirft sich ihr Herr v. Bethmann-Hollweg entgegen und ruft: Zurück von hier! Wir haben ja die Schulregulative geändert und das Schillerfest doch noch erlaubt!

Man verstehe mich mit der bisherigen Erörterung nicht falsch. Wenn jemand auf Kosten des Königthums die Demokratie befördern will, so habe ich hiegegen nicht das Geringste einzuwenden; wenn dies aber von Leuten besorgt und durchgesetzt wird, die eigentlich das Gegentheil wollen (denen wenigstens das Königthum weit wichtiger ist, als die Wünsche des Volks), so wird man diesen Leuten doch nicht für ihre Beschränktheit dankbar sein sollen und wird es mir hoffentlich erlaubt sein, die ganze Geschichte höchst ergötzlich zu finden, besonders

wenn ich bei einer Tasse Caffee die Leitartikel der
„Preußischen" lese.

Was Oesterreich betrifft, so ist es wirklich merkwürdig zu sehen, wie sehr diese Monarchie auf ihre
Großmachtsstellung verzichten muß. Es war zwar schon
öfters da, daß Oesterreich, wie dies jeglichem Staate
immer und allerwärts vorkommen kann, aus einem
Kriege gelähmt hervorging; allein neu ist, daß die alte
habsburgische Monarchie trotz ihrer großen Armee, die
sich bekanntlich vortrefflich schlug und der nur die obere
Führung fehlte, nach zwei Schlachten, die nicht einmal
Hauptschlachten waren, und in wenigen Monaten so gelähmt und brach gelegt ist, daß es scheint, als ob sie
einen neuen Krieg kaum ertragen könnte. Da dieser
Zustand offenbar nicht durch ein Uebermaß stattgehab-
ter Anstrengungen und ausgestandener Leiden, kurz nicht
durch ein Uebermaß äußerer Staatscalami-
täten herbeigeführt ist, so gibt er einen unwiderleg-
lichen Beweis von innerer Fäulniß des Staates als
solchen (nicht Verkommenheit der Völker) und Zerfah-
renheit der leitenden Kreise. Dieses Resultat,
obschon frappant hervortretend, ist leicht erklärlich. Oesterreich, als historisch zusammengewürfelter und gewaltsam,
nicht durch den freien Willen seiner Völker zusammen-
gehaltener Staat ist seiner ganzen Existenz nach mit dem
Geiste der neuen Zeit unverträglich.

Wie soll Oesterreich sich helfen? Mit großen politischen Reformen? Unmöglich! Soll ein Gesammtpar-
lament in Wien tagen? Ein solches würde bald einen
tragi-komischen Character annehmen; eine Volksvertre-

tung setzt nothwendig ein Volk voraus; dorten aber
sind verschiedene Völker, die nichts von einander wissen
wollen. Soll jede Nation ihre besondere mehr oder
minder freie Verfassung haben, z. B. Ungarn einen
Magnatentag? Der würde bei nächster günstiger Gelegenheit Politik auf eigene Faust machen und sich den
Teufel um die Minister in Wien scheeren. Wenigstens
hätte man in Wien die gesammte Staatsgewalt nicht
mehr mit Sicherheit in Händen. Man vergesse doch
nicht, daß das Einzige, was den Völkercompler der
österreichischen Monarchie zusammenhält, die Idee des
alten habsburgischen Thrones und die Concentration der
Staatsgewalt in Einer Hand ist. An Oesterreich ist
merkwürdig, daß es die wesentlichsten Wünsche seiner
Bevölkerungen mit dem besten Willen nicht berücksich-
tigen, letzteren daher auch keine freie Bewegung gewähren kann; weil nämlich jene Wünsche fundamental
divergiren und daher die Bewilligung freier politischer
Bewegung, als welche die Ermöglichung der Realisirung jener divergirenden Wünsche in sich tragen würde,
zur sofortigen Auflösung des historischen habsburgischen
Staatsverbandes führen müßte. Es bedarf allerdings
einiger Einsicht und einiger Ueberlegung, um das Zwin-
gende dieses Verhältnisses vollständig zu erfassen. Wenn
Jemand der österreichischen Regierung zumuthet, we i t -
g e h e n d e politische Reformen im Sinne der Freiheit
zu machen, und ihr für diesen Fall eine neue glorreiche
Aera in Aussicht stellt, so wünsche ich einem solchen
weiter nichts, als daß er 14 Tage auf einem Minister-
posten in Wien stände und er würde die Unmöglichkeit

— 23 —

einer solchen Politik bald zugeben. Von Weitem mag
die Sache für Viele sehr einfach aussehen. (Vergl. über
derartige oberflächliche Urtheile Machiavelli „Discors
sopra la prima deca di Tito Livio I. 47.")

Nun nehme man noch die erdrückende Schuldenlast
hinzu, deßgleichen das Concordat, das sich der Staat,
in Folge einer trügerischen Hoffnung über das Ziel
hinausschießend, auf den Nacken gelegt hat, und erwäge
endlich, wie verhaßt und verschrieen die österreichische
Regierung in ganz Europa ist, und man wird einsehen,
welch' eine Stellung ein österreichischer Minister hat.
Da könnte sich ja ein Cabinet Richelieu-Colbert-Pitt-
Machiavelli nebst Cicero als Dirigent der officiösen
Presse den Kopf einrennen.

Da nach der unglücklichen Beendigung des Krieges
die öffentliche Meinung allzu nachdrucksvoll auftrat, so
mußte man wenigstens etwas thun. Man hat daher
ziemlich vernünftiger Weise den Weg großer national-
öconomischer und kleiner politischer Reformen eingeschla-
gen. Allein immerhin tritt hier der Satz Machiavelli's ein:

Deve sopra tutte un principe vivere con i suoi
sudditi in modo che nessuno accidente o di male o
di bene lo abbia a far variare; perchè venendo per
i tempi adversi la necessità, tu non sei a tempo al
male, ed il bene che tu fai non ti giova, perchè è
giudicato forzato, e non te ne è saputo grato alcuno.
(Il principe cap. 8.)

Glaubt die österreichische Regierung Dank zu haben
von ihren Reformen? Auch noch! Es weiß ja Jeder

mann, daß sie nothgedrungen handelt und lieber das Gegentheil gethan hätte.

Immerhin könnte jedoch Oesterreich würdiger da= stehen, wenn es dem Kaiser gelingen sollte, diejenigen, in der tüchtigen österreichischen Diplomatie jedenfalls vielfach vorhandenen Männer herauszufinden, welchen es gelänge, mit sicherer Haltung aufzutreten. Nichts ist für eine Regierung gefährlicher, als ein Schwanken im Auftreten. Männer aber, welche nach reiflicher Ueberlegung und ohne Illusion über das Miß= liche der Lage den ungefähren Schwerpunkt der divergirenden Potenzen ein für allemal heraus= gefunden hätten, würden jedenfalls, unbeirrt durch plötzliche Tagesereignisse, welche ja alle aus dem bereits erkannten Gesammtzustande hervorgehen und gewissermaßen nur in der zufälligen einzelnen Er= scheinung verschieden sind, für die nächste Zeit mit Festigkeit und consequenter Sicherheit auftreten und dadurch der österreichischen Regierung einen wirksa= men Anschein innerer Kraft geben, während die Regierung im Augenblick über den demnächst einzuhal= tenden Gang der großen Politik offenbar nicht im Kla= ren ist, daher schwankt und hiedurch den Staat sogar als schwächer erscheinen läßt, als er wirklich ist.

Es ist möglich, daß diese unsichere Haltung der Regierung nicht an den Ministern liegt, sondern eine Folge des Umstandes ist, daß verschiedene Parteien bei Hof sich um die Lenkung der hohen Politik streiten; in diesem Falle würde der Fehler nicht im Ministerium, sondern in dem Kaiser selbst liegen; da das Cabinet den

Fluctuationen der Anschauung seines Herrn nachgeben
muß. Wenn übrigens die Dynastie nicht bald über
den einzuhaltenden Gang mit sich ins Klare kommt,
wird sie zuletzt die oben bezeichnete, zur einstweiligen
Erhaltung der Monarchie durchaus nothwendige Haltung der Regierung sogar unmöglich machen, weil bei etwaiger Fortdauer der jetzigen Unentschlossenheit die oberen
Kreise selbst, als eines festen Gruppirungspunktes er-
mangelnd, immer zerfahrener und zerklüfteter werden
müßten und überdies sowohl im Inlande wie im
Auslande das letzte Vertrauen auf die Lebensfähig-
keit des Staates verschwinden würde. Wenn Graf Rechberg
nur einigermaßen über das Wesentliche des einzuhaltenden Ganges mit sich im Klaren ist, so wäre der
Dynastie von ihrem Standpunkte aus zu rathen, denselben bis auf Weiteres unbedingt gewähren zu lassen;
und zwar darum, weil die schlimmen Folgen etwaiger,
nicht gerade außergewöhnlich starker, politischer Einzel-
fehler des Cabinets bei Weitem nicht so verderblich sein
könnten, wie der durch und durch schlimme moralische
Eindruck, den die jetzige, vor ganz Europa entfaltete,
unsichere, beinahe ängstliche, in Principiensachen
schwankende Gesammthaltung der obersten Regie-
rungskreise hervorbringt. Ja, in Krisen, wie die jetzige
in Oesterreich, kommt beinahe mehr auf eine schnelle,
als auf eine richtige Entscheidung an. Der Einfluß
eines sicheren, consequenten Auftretens auf die Menschen ist außerordentlich. (Vergl. hiezu in Machiavelli's
Werk über den Livius die Cap. 38 im 1. Buche und
Cap. 31 im 3. Buche; ferner „Il principe" cap. 19.)

Ich kehre von diesen speciellen Betrachtungen über Oesterreich und Preußen zum Allgemeinen zurück!

Wir haben constatirt, daß die Schwäche der Regierungen sich aus der Macht der Gesammtverhältnisse erklärt; ich habe dabei jedoch die Ueberzeugung ausgesprochen, daß sie einen kleinen Theil der Schuld selbst tragen.

Kein Wunder übrigens! Dieser Louis Napoleon, der in Italien um Mitternacht in einen großen Mantel gehüllt, die Feder auf dem Hut und den Dolch in der Hand mit zwanzig Vermummten in demselben Aufzug Eidschwüre für die Freiheit in die stille Nacht hinaussandte, der in London in allen Kneipen herumgesetzt ist, sich in der halben Welt herumgetrieben hat, bald verfolgt, bald ausgewiesen, bald eingesteckt, dieser hundertfach durch die Schule des Lebens zurechtgestoßene verschmitzte Parvenu, der Alles, Alles mitgemacht hat, und dazu seine Minister, Gesandten und Generäle, die er auf der Straße aufgelesen hat, lauter köstliche schlaue Jungen, und auf der andern Seite die Herren, die man von Kindheit an vor jedem lauten Wort gehütet hat, mit ihren Gesandten, die noch im 20sten Jahre von ihrer Bonne spazieren geführt wurden, das hätte ja mit dem Satan zugehen müssen, wenn die in Paris nicht hätten in die Höhe kommen sollen.

Die Herren Diplomaten und Staatsmänner zweiten Rangs haben eben noch immer ihre Ideen von ehedem, ihre diplomatischen Traditionen, ihre kastenartige Anschauungsweise, merken aber nicht, daß man mit all dem zwar in ruhigen Zeiten die Dinge ganz erträglich im Geleise hält, nicht aber einer großartigen Politik gegenüber in bewegter kritischer Zeit Stand zu halten vermag.

Doch wozu noch weiter reden? Es genügt die Erkenntniß der Gründe, weßhalb Napoleon III. der einzige Mann in Europa ist, der große Politik macht und machen kann, und es genügt das Resultat, daß die Kabinete durch ihr eigenes Verhalten das letzte Vertrauen der Völker verscherzt haben.

II. Die deutsche Einheit und die deutschen Fürsten.

Was will die deutsche Nation?

Sie will wie die andern die Freiheit, sie will aber überdies und vor Allem die Einheit. Die Einheit ist Deutschlands nationale Idee.

Wie ist dieses Ziel zu erreichen? Es gibt Leute, welche die Herstellung der Einheit durch die Cabinete hoffen, und zwar die Einen durch ein Zusammenwirken der deutschen Regierungen, die Andern durch ein Vorgehen Preußens. Prüfen wir diese beiden Ansichten, und es wird sich ergeben, daß die eine so unhaltbar ist wie die andere.

I. Wird die deutsche Einheit durch ein Zusammenwirken der deutschen Regierungen hergestellt werden?

Da es indessen doch Viele gibt, welche dies aufrichtig für möglich zu halten scheinen, so will ich in Nachfolgendem die Frage näher behandeln.

1) Nehmen wir einmal an, die Cabinete hätten allen Ernstes vor, die deutsche Einheit zu befördern, so hätten sie offenbar nur zwischen zwei möglichen Wegen zu wählen.

Der erste Weg ist folgender:

Man geht mit der Bundesreform allmählig vor;
d. h. man bearbeitet bald dieses bald jenes Feld der
Gesetzgebung und stellt auf demselben die Einheit her;
man bewirkt etwa in diesem Jahre ein einheitliches
Handelsrecht, im nächsten Einheit von Münze, Maß
und Gewicht, man setzt einige Jahre später ein Bun-
desgericht mit beschränkter Competenz ein, man erweitert
alsdann diese Competenz allmählig u. s. f.

Der zweite Weg ist folgender:

Man nimmt einen energischen Anlauf, etwa durch
Herstellung einer einigermaßen befriedigenden Volksver-
tretung beim Bundestage.

Der erste Weg würde, wenn nichts dazwischen
käme, nach 100 Jahren so weit geführt haben, daß an
dem 200jährigen Geburtstage Schiller's einige San-
guiniker auf den baldigen Untergang des Bundestages
toastiren dürften, ohne eingesteckt zu werden.

Der zweite Weg würde folgendes Resultat herbei-
führen:

Bei dem ersten energischen Anlauf der Cabinete zur
Herstellung der Nationaleinheit würde der in dem deutschen Volke innerlich fortwährend wirkende, bis jetzt gewaltsam niedergehaltene Drang nach nationaler Einheits-
gestaltung eine starke Anregung bekommen und sofort
eine erhöhte Thätigkeit annehmen. Die allgemeine Er-
regung würde bald bestimmtere Ziele ins Auge fassen
und die begonnene Bewegung würde, ganz besonders,
wenn derselben sogar ein geordnetes einflußreiches Organ in der Bundesvolksvertretung zu Gebote stände,

in ihrem Laufe nicht mehr beliebig zu hemmen sein, sondern würde vielmehr, da die Operationsmittel im Verlaufe der Sache immer reicher und vielseitiger würden, immer schneller und sicherer vorwärts schreiten und sich nicht eher beruhigen lassen, als bis das Ziel im Wesentlichen erreicht wäre.

Der erste Weg nun wird von keinem, der die Einheit ernstlich will, bei einiger Ueberlegung empfohlen werden. Wer ein Herz für das Vaterland, wer nationales Ehrgefühl hat, wird sich von den schleppenden Verhandlungen am Bundestage über vorzunehmende Reformen, von den Würzburger Hofintriguen und derartigen Kleinlichkeiten mit Ekel abwenden.

Es bliebe den Regierungen also nur der zweite Weg.

Prüfen wir nunmehr, in welchem Verhältnisse der Verlauf, den die Beschreitung dieses Weges nehmen müßte, mit den Interessen der Cabinete steht!

Die eigentliche Bedeutung der Nationaleinheit, jetzt vielleicht nur einem kleineren Kreise vollkommen klar, würde im Falle einer freigegebenen desfallsigen Agitation sehr bald allseitig mit Bestimmtheit erfaßt werden.

Präcisiren wir den Begriff!

Wenn man von einem anzustrebenden „einigen Deutschland" spricht, so ist dieser staatliche Begriff in seiner Bedeutung sowohl für die äußere wie für die innere Politik aufzufassen.

Für die äußere Politik soll die Einheit Deutschlands zunächst ein von der nationalen Ehre gebieterisch erheischtes Postulat erfüllen, indem es ein unerhörter, jedes Ehrgefühl verletzender, weltgeschichtlicher

Scandal ist, daß ein hochcivilisirtes Volk von 40 Millionen Menschen der Laune des Auslandes preisgegeben ist; ferner soll die Einheit nach außen die practische Wirkung haben, daß wir im europäischen Völkercomplexe eine zur Verfolgung unserer Interessen geeignete, entscheidende Machtstellung einnehmen.

Für die innere Politik würde sich die Einheit durch Concentration, somit Kräftigung des Volkswillens, demnach auch unbedingt freiheitliche Gestaltung der Verhältnisse, durch Vereinfachung aller Staatseinrichtungen, durch Hinwegfallen aller national-öconomischen Schranken im Innern, endlich durch außerordentliche Verminderung der Staatsausgaben und Steuern bewähren.

Es bedarf nur einiger Ueberlegung, um die unendlichen Vortheile einer solchen Staatsgestaltung zu begreifen.

Knüpfen wir nunmehr an unsere Darlegung des Begriffs der Nationaleinheit in Betreff der äußeren Politik an!

Die erwähnte Wirkung, wornach Deutschland nach außen hin eine entscheidende Machtstellung einnehmen soll, ist selbstverständlich nur dann möglich, wenn dasselbe vermittelst eines kräftigen, auf dem Volkswillen fußenden Organs nach außen hin als ein untrennbares Ganzes dasteht und handelt.

Diese Sätze sind a priori klar; verfolgen wir die Consequenzen!

Das soeben festgestellte Erforderniß läßt zwar die Frage nach den im Innern des Landes etwa bestehenden Einrichtungen im Allgemeinen offen; insofern eine

Centralgewalt der gedachten Art immerhin bei verschie=
benartigen inneren Zuständen denkbar ist. Nichts besto=
weniger läßt sich aus gedachter Begriffsstimmung in
Betreff der inneren Einrichtungen ein negatives Erfor=
derniß mit logischer Consequenz herleiten. Es ist näm=
lich klar, daß, welche Institutionen auch im Innern,
abgesehen von der Centralwalt, vorhanden sein möchten,
jedenfalls unter keiner Bedingung staatliche Potenzen
bestehen dürften, welche so gestellt wären, daß sie unter
irgend welchen, nach dem gewöhnlichen Lauf der Dinge
voraussehbaren Constellationen der Centralgewalt ernst=
liche, den Nachdruck ihrer Aktionen lähmende Schwie=
rigkeiten entgegenstellen könnten. Nun ist aber ferner klar,
daß, so lange in Staaten von der Bedeutung wie etwa
Hannover Fürsten an der Spitze ständen, welche souverain
oder welche auch nur halb souverain wären, staatliche
Potenzen vorlägen, welche in allen Angelegenheiten der
äußeren Politik blind und unbedingt der Weisung der
Centralgewalt zu folgen nicht gezwungen werden kön=
ten, wohl aber, besonders wenn sie eine Coalition bilden
würden, in der Lage wären, die Bewegungen derselben
zu hemmen und zu lähmen, besten Falls derselben be=
schwerlich zu fallen. Hieraus nun geht hervor, daß wenn
die Centralgewalt nicht blos eine theuere Spielerei sein
sollte, die Fürsten sich nach und nach aller wesentlichen
Atribute der Souverainität entäußern müßten und daß
sie sich zuletzt mit dem Namen von Fürsten und mit
einer gewissen elevirten Beamtenstellung begnügen müßten,
was an sich schon ein politisches Unding ist. —

Ich komme zum Resultat:

Da die Staatsmänner, von welchen die Fürsten berathen sind, so gut wie der Leser und meine Wenigkeit diese Sachlage einsehen und überschauen, oder, um es in once zu wiederholen, da dieselben wissen, daß

1) ein nur einigermaßen entscheidender Schritt zur Beförderung der nationalen Einheit den Drang der deutschen Nation nach derselben in thatsächliche Bewegung setzen würde,

2) daß diese Bewegung erst mit der Herstellung einer wirklich volksthümlichen, mit allen Mitteln zu nachdrucksvollem Auftreten nach außen versehenen, durch keine dem Volkswillen fremde Potenzen behinderte Centralgewalt enden könnte,

3) daß die Stellung der Fürsten, selbst wenn sie große Opfer brächten, nimmermehr mit einer solchen Centralgewalt vereinbar wäre;

so ist auch unwiderleglich festgestellt:

daß die deutschen Fürsten, wenn sie das Streben der Nation nach Einheit ernstlich und aufrichtig befördern wollten, entweder unerhört edle Wesen, oder aber complette Narren sein müßten.

Ersteres aber erlaube ich mir höflichst zu negiren, weil sie Menschen sind und Letzteres unterstehe ich mich nicht zu behaupten, weil sie Fürsten sind.

2. Das bisher Vorgebrachte würde zwar für sich allein schon zum Nachweis genügen, daß von den deutschen Regierungen eine ernstliche Förderung der nationalen Idee nicht erwartet werden darf; allein das Folgende ist kaum minder entscheidend.

Erwägt man, wie lange jedesmal einige wenige Re=
gierungen brauchen, um über untergeordnete, im gemein=
samen Interesse liegende Dinge einig zu werden; erwägt
man, wie lange es z. B. gedauert, bis die Regierungen
einen angeblich neuen Münzfuß erfanden; bedenkt man,
daß sie selbst das Pferdeausfuhrverbot zur Zeit der
gemeinsamen Gefahr zu spät zu Wege brachten; macht
man sich endlich klar, daß diese deutschen Regierungen
während der 45 Jahre des Bundesbestandes noch nicht
einmal die Einheit, so weit sie in ihrem eigenen In=
teresse läge (z. B. in Münze, Maß und Gewicht) her=
vorzurufen vermochten; bedenkt man endlich den uner=
hörten Umstand, daß sie selbst jetzt, wo sie alle wissen,
daß ein schwerer, jedenfalls die Kräfte der ganzen Na=
tion erfordernder Vertheidigungskrieg*) in nicht ferner
Zukunft droht, in militärischer Beziehung nicht eine
einzige Vereinbarung oder Gesammteinrichtung von Be=
lang zu Wege bringen; und stellt man sich nunmehr
vor, die sämmtlichen etwa 30 Regierungen sollten dar=
über discutiren und einig werden, in welchem Maße
und in welcher Weise sie i h r e w e s e n t l i c h s t e n In=
t e r e s s e n u n d P r i n z i p i e n dem Volke opfern sollten,
so wird man als psychologisch=politische Nothwendigkeit
zugeben müssen, daß sie vielleicht das Discutiren recht
gut, nimmermehr aber das Einigwerden zu Wege
brächten.

3. Endlich will ich nicht verfehlen, noch auf einen
weiteren Umstand aufmerksam zu machen.

---

*) Hiervon später!

In Gemäßheit der Bundesacte vom 8. Juni 1815 (allenfalls auch der Schlußacte der Wiener Ministerial-conferenz vom 15. Mai 1820) in Verbindung mit Art. 118, Nr. 9 der Wiener Congreßacte vom 9. Juni 1815 ist der deutsche Bund als Staatenbund in das europäische Staatensystem eingetreten und als solcher von den anderen Mächten anerkannt.

Nun steht vom juridischen Standpunkte des positiven Rechtes aus fest, daß die Unterzeichner der Wiener Con-greßacte zur Einmischung befugt sind, sobald diese Acte eine wesentliche, das europäische Staatensystem alterirende Verletzung erfahren soll.

Da nun einerseits die Schlußacte als integrirender Theil der Bundesacte betrachtet werden will und letz-tere ein integrirender Theil der Wiener Congreßacte ist, andererseits die Verfolgung der deutschen Einheitsbestre-bungen uns sehr bald aus dem Staatenbund in den Bundesstaat überführen müßte, die Umwandlung aber des großen, in der Mitte Europas gelegenen Staaten-bundes in einen Bundesstaat eine höchst bedeutende Aenderung in unserem Staatensystem hervorbringen würde, so ist, positiv rechtlich genommen, für die andern Mächte die oben in abstracto erwähnte Berechtigung zur Einmischung auch in concreto vorhanden.

Es versteht sich übrigens von selbst, daß diese Rechtserörterung nur vom Standpunkte der Regierun-gen aus Sinn und Geltung hat; das Volk ist an obige Rechtsauffassung nicht gebunden. Die Intention der Verträge ging zwar allerdings darauf hinaus, den Völkern selbst jede Entscheidung zu entziehen; allein dies! ist ebenso, wie wenn einer fremdes Eigenthum verkauft. Es begreift nämlich Jeder, der gesundes Urtheil hat, und fühlt es im Grunde seines Herzens (auch wenn er es nicht theoretisch zu begründen vermag), daß ein eingekaufter Sclave, der sich im Widerspruch mit den positiven Gesetzen seines Landes, aber dem Drange seiner besseren Natur folgend, von seinem Herrn irgendwieselbst gewaltsam, frei macht, hierin vollkommen Recht hat, mit andern Worten, daß es ewige Grundsätze eines niemals irrenden Naturrechts gibt, an welches jederzeit muß appellirt werden können von den Irrthümern und Erbärmlichkeiten des positiven Rechtes, als welches, wenn mit jenem nicht im Einklange stehend, lediglich der Ausfluß der jeweilig herrschenden, entweder in Irrthum oder in Gewissenlosigkeit verharrenden Gewalt ist.

Nichts aber ist naturrechtlich klarer, in der menschlichen Natur begründeter, der Vernunft entsprechender, als daß eine Nation, welche nach Sprache, nach Anschauungsweise, Literatur und Geschichte zusammengehört und diese Zusammengehörigkeit in einer äußeren Staatsform verkörpern will, ein Recht hat, dies durchzusetzen, insbesondere wenn ein solcher Verband Jahrhunderte lang bestanden hat und nur durch die egoistische Willkür Weniger, hauptsächlich durch den verbrecherischen Landesverrath einiger Fürsten, zerstört wurde. Entgegenstehende Verträge sind für das Volk, besonders da es zu deren Abschließung nicht einmal formell zugezogen wurde, soweit null und nichtig.

Ich kehre zur politischen Beleuchtung der Sache zurück.

Würden die deutschen Cabinete — welche Annahme übrigens mehr ein Phantasiespiel ist — die Sache so weit treiben, einen Bundesstaat herzustellen, so würde von außen her Einspruch erfolgen. Man könnte dies politisch genommen den Großmächten nicht übel nehmen, da eine neue, sehr respectable Macht in ihren Kreis eintreten würde und jede einzelne somit, relativ genommen, an ihrer Bedeutung Einbuße erlitte; ja die ganze Physiognomie Europas würde sich ändern. Den deutschen Fürsten nun bliebe dem fremden Einspruche gegenüber nichts übrig, als im Anschluß an den Volksgeist und auf Grund desselben nach außen hin energisch Front zu machen.

Diese Nothwendigkeit werden sie niemals veranlassen wollen! Das Nähere hierüber ist oben auseinandergesetzt worden.

Stellen wir das Endresultat zusammen:

Da nachgewiesenermaßen feststeht:

1) daß die Interessen der deutschen Nation und die der deutschen Fürsten in der Frage der staatlichen Einheit Deutschlands fundamental divergiren;

2) daß überdies die Cabinete durch ein 45jähriges Verhalten ihre gänzliche Unfähigkeit in der fraglichen Beziehung sonnenklar an den Tag gelegt haben;

mit andern Worten: da feststeht:

daß die deutschen Regierungen die nationale Sache weder fördern wollen noch fördern können, so ergibt sich hieraus:

daß alle auf die Cooperation der Cabinete ge-
gründeten Hoffnungen für die Herstellung der Einheit
illusorisch sind, und daß wir daher auf die deßfallsigen
Unternehmungen des Herrn von Schleinitz und des
Herrn von Bethmann-Hollweg reducirt bleiben. Unter-
suchen wir demnach die hieran sich knüpfenden Ansichten
und Hoffnungen! —

II. Ist die Herstellung der deutschen Einheit durch
Preußen zu hoffen?

Wenn der Staatskanzler Hardenberg und der Ge-
neral Scharnhorst im Jahre 1859 — doch still; wir
sprechen von dem Herrn v. Schleinitz und dem Herrn
v. Bethmann-Hollweg! Was sind die Herren gewesen?
Von dem einen weiß ich es nicht; der andere war Prä-
sident des Kirchentags. Was für ein Geschäft haben
die Herren jetzt? Sie machen moralische Eroberungen
in Deutschland.

Nur nicht lachen! Die Sache ist verteufelt ernsthaft!

Preußen also, in welchem seit einiger Zeit eine neue
Aera der Freiheitsversprechungen angebrochen ist, Preußen, dessen Regierung im kritischen Momente, im Augenblicke deutscher Gefahr durch ihre beispiellose Thatkraft (Mobilmachung genannt) die Welt in Erstaunen
gesetzt hat, Preußen also ist es, von wo die deutsche
Einheit hergeflogen kommt!

Als Ziel des Nationalvereins, des dermaligen
Schleppträgers Preußens, muß man, wenn sein Pro-
gramm nicht geradezu null sein soll, die Realisirung
folgender Gedanken betrachten:

Er will die deutsche Einheit herstellen durch allmählige Kräftigung Preußens in Deutschland, durch Uebertragung der Hegemonie an dasselbe, kurzum durch ein allmähliges Aufgehen Deutschlands in Preußen, welchem allerdings zur Aufgabe gemacht wird, liberal zu sein.

Was hat der Nationalverein bis jetzt erreicht?

Verschiedene Beiträge von einem Thaler jährlich und die Beförderung der mit den dynastischen Interessen engverbundenen Spaltung zwischen Nord= und Süddeutschland.

Bevor wir näher auf die Prüfung der von dem Nationalverein verfochtenen Hoffnungen eingehen, müssen wir den traurigen, aber unläugbar existenten Umstand dieser Spaltung näher ins Auge fassen.

Zwischen Nord= und Süddeutschland besteht eine gewisse Antipathie, welche vorzugsweise ihre Quelle einerseits in der Religionsverschiedenheit hat, andrerseits und hauptsächlich in dem Umstande, daß ein großer Theil der norddeutschen und der süddeutschen Bevölkerungen zweien, in Folge der geschichtlichen Entwickelung auf einander eifersüchtigen Großstaaten angehört.

Nichtsdestoweniger würde in Folge des in der deutschen Nation immer mehr zunehmenden Dranges nach Einheit und insbesondere in Folge der Nachwirkung des Jahres 1848 der Zwiespalt mehr abgenommen haben, wenn man nicht von oben her geflissentlich an dessen Erhaltung gearbeitet hätte. Nämlich Oesterreich sowohl wie Preußen, als Staaten der Habsburger und Hohenzollern mit Großmachtstellung, können als solche neben

einem einigen Deutschland nicht bestehen; oder, anders
ausgedrückt, das Nichtmehrbestehen derselben als histo-
rische Großmächte muß vorausgesetzt werden, wenn man
ein einiges Deutschland annimmt*). Die österreichische
und die preußische Regierung haben also gleiches Interesse, die deutsche Nation als solche nicht aufkommen
zu lassen und daher Alles zu befördern, was geeignet
ist, einen wahrhaft nationalen (weder österreichisch noch
preußisch gefärbten, sondern deutschen) Aufschwung zu
verhindern. Aus diesem Grunde haben sie den Zwiespalt zwischen Nord= und Süddeutschland von jeher
genährt (obschon das Geflissentliche hiebei dem Troß der
Diplomatie vielleicht unbekannt blieb und nur der oberen Leitung klar war), und vermöge der Unermüdlich-
keit der Bemühungen und der Schlauheit der Mittel
ist dies nur allzugut gelungen. Vom Standpunkte der
Dynastenpolitik ist dieses Verfahren ganz richtig. Ich
halte die österreichischen Minister für zu gute Staats-

---

*) Heinrich von Gagern in seinem wohlüberlegten Brief
an den Nationalverein (vom 26. August v. J.) berührt, obwohl
mehr andeutungsweise, die Frage nach dem Schicksal der weiten
Donauländer, Illyriens u. s. w. im Falle eines Auseinanderfal-
lens der österreichischen Monarchie. Es würde hier zu weit führen,
die von Gagern angedeutete allerdings beachtenswerthe Gefahr
für das europäische Gleichgewicht und die europäische Cultur aus-
einanderzusetzen. Ich kann nur den alten, aber ewig wahren Satz
entgegenstellen, daß unter zwei Uebeln das weniger schlimme vor-
zuziehen ist; mit andern Worten: für die Nationaleinheit ist kein
Preis zu groß. — Ein wirklich einiges Deutschland wäre übrigens
eine so imposante Macht, daß man auch in der angeregten Beziehung nicht allzuschwarz sehen darf.

männer, als daß sie gegen den Nationalverein wegen
dessen preußischer Tendenz aufgetreten wären; das Mo-
tiv war jedenfalls die Freisinnigkeit des Vereins. Denn
was das Andere betrifft, können sich beide Regierungen
vollständig beruhigen; durch keine Agitation der Welt
wird je die preußische Regierung in Süddeutschland
oder gar die österreichische in Norddeutschland Anhän-
gerschaft im Volke gewinnen.

Der Nationalverein seinerseits nun hat in neuester
Zeit das preußische Element, die norddeutsche Richtung
durch seine Agitation gestärkt; in Norddeutschland hat
er Anhang gefunden, in Süddeutschland hat er Fiasco
gemacht.

Nun ist aber klar, daß wenn Gegensätze der oben
beschriebenen Art vorhanden sind, durch die Kräftigung
des einen gegensätzlichen Elementes sofort in dem andern
naturgemäß die vorhandene Oppositionslust zu
erhöhter Thätigkeit angespornt wird. Das
Resultat ist, daß der Kampf lebendiger, die Gegensätze schroffer werden.

Da nun aber dem Streben nach Nationaleinheit
die Existenz solcher Gegensätze gewiß nicht förderlich,
sondern vielmehr sehr schädlich ist, so sollte doch Niemand, der es mit dieser ehrlich meint, zur Kräftigung
eines der streitenden Elemente, als welche genau genommen in Folge des Rückschlages eine Kräftigung
beider, also eine Consolidirung der Gegensätze ist, irgendwie beitragen, d. h. sich zum Beför-
derer antinationaler dynastischer Potenzen
hergeben, sondern es sollte vielmehr jeder Freund des

Gesammtvaterlandes die gleichmäßige Austilgung und Zerstörung des Gegensatzes nach beiden Richtungen hin, d. h. die **Aufhebung des Gegensatzes überhaupt**, zum Ziele nehmen. Dies ist aber nur dadurch möglich, daß man consequent Alles aus dem Spiele läßt, was irgendwie an die ideelle Spaltung erinnern kann, daß man also **so wenig preußische als österreichische Politik** treibt.

Wenn die Democratie der Jahre 1848 und 1849 sich um Deutschland ein Verdienst erworben hat, so ist es vor allem die bestimmte und unerschütterliche Verfechtung der Idee des Einen, untrennbaren Deutschlands. Sie allein hat in dieser Beziehung die entschiedene, frei und sicher über allen dynastischen Interessen stehende Anschauung im Volke genährt. **Die democratische Partei ist in Deutschland zugleich die nationale.**

Nun sagen freilich viele Anhänger des Vereins, daß in diesem gar keine Vorliebe für Preußen vorhanden sei; andere sagen, Preußen solle nur als Operationsbasis oder als Werkzeug benutzt werden.

Ersteres kann ich mir, da die vorherrschende Tendenz des Nationalvereins nunmehr klar am Tage liegt, nur daraus erklären, daß diejenigen Democraten, welche sich seinerzeit täuschten, nicht aufrichtig genug sind, dies zu bekennen. Hiezu ist jedoch kein vernünftiger Grund vorhanden, da bei dem Beginn einer Unternehmung über deren eigentliche Bedeutung Jedermann recht gut im Irrthum sein kann.

Was den zweiten Punkt betrifft, habe ich Folgendes zu bemerken:

Manche einflußreiche Mitglieder des Nationalvereins mögen radicale Hintergedanken haben (indem sie Preußen nur als Werkzeug benutzen wollen); allein dieselben überlegen sich nicht, daß diese „Hintergedanken" von den gegnerischen Staatsmännern ganz gut durchschaut werden, während hingegen das Volk in Norddeutschland durch ein solches öffentliches Auftreten anerkannt democratischer Männer zu einem größeren Vertrauen auf die preußische Regierung veranlaßt wird. So lange aber nicht im ganzen Volke die Ansicht durchgedrungen ist, daß von keiner Regierung für das nationale Ziel etwas zu erwarten ist, so lange hat die Zersplitterung im Volke selbst noch einen gewissen Boden.

Die Staatsmänner, welche die Gewalt in Händen haben, können mit Hintergedanken operiren; nicht so die Democratie, welche ihr Prinzip erst zur Geltung bringen will. Sie kann dies nur dadurch, daß ihre Anschauung, welche im Volke bereits Wurzel gefaßt hat, daselbst zur Klarheit und Bestimmtheit gelangt; democratische Agitationen mit Hintergedanken aber verwirren das Volk. Wirke nur Jeder offen und klar in seinem Kreise; er wird die Geister genugsam vorbereitet finden! —

Von einer Cooperation der democratischen mit der gothaischen Partei ist gar nichts zu hoffen, da letztere sich nur als Hemmschuh der ersteren herausstellen würde. Das Erbgut der Democratie ist das bestimmte Wollen und die Energie; Compromisse sind ihr schädlich.

Es ist wahrhaft herzergreifend, sehen zu müssen, wie so viele Männer des redlichsten democratischen

Strebens sich so weit hinreißen ließen, eine, der großen
vaterländischen Sache so verderbliche Agitation zu Gun=
sten Preußischer respective Hohenzollern'scher Interessen
zu unterstützen. Niemals kann in Süddeutschland eine
solche Bewegung im Volke Wurzel fassen. Die Anti=
pathie der süddeutschen Bevölkerung, einerlei ob gerecht
oder ungerecht, vernünftig oder unvernünftig, ist einmal
da, sie muß daher berücksichtigt werden. Agitirt nur
drauf los in Norddeutschland, während Süddeutschland
halb gleichgültig, halb ärgerlich zusieht und ihr arbeitet
den dynastischen Interessen vortrefflich in die Hände!
Verbreitet nur im Volke wieder die alte Vertrauens=
gläubigkeit, die alten Hoffnungen auf die Nebelgebilde
fürstlicher Gnade und ihr wirkt besser gegen die Ein=
heit der Nation, als ganze Armeen es könnten. Ruft
nur: Wir wollen unsere Hohenzollern über ganz Deutsch=
land regieren sehen, und die Andern haben Recht, wenn
sie euch entgegenrufen: Unsere Habsburger, unsere
Wittelsbacher sind uns ebenso lieb, bleibt zu Hause mit
euern Hohenzollern! Aus den Gräbern von 48
aber ruft es: Nicht Habsburg, nicht Hohen=
zollern! Ein einiges Deutschland!

Was wollt ihr denn eigentlich mit den Hohenzol=
lern? Soll der alte Fritz von den Todten auferstehen,
mit dem Schwerte von Roßbach die Fürsten vertreiben
und die Deutschen an der Donau mit seinen Staaten
vereinen? Ich zweifle nicht, daß er unter Umständen
die Eroberung der Länder zu Wege bringen könnte; ob
er aber in Wien oder München deutsche Herzen zu er=

obern vermöchte — das weiß ich nicht. Und überdies
— ich sehe noch keinen alten Fritz.

Einen Weg allerdings gäbe es für jeden preußischen
Herrscher, die Nation wahrscheinlicherweise unter seinem
Scepter zu vereinigen. Er müßte sich rückhaltlos an
die Spitze der deutschen Revolution stellen, von Frank=
furt (nicht Berlin) aus, gefolgt von seinem Heere und
von einem demokratischen Ministerium umgeben, ein Par=
lament berufen und sagen: Ich bin deutscher Kaiser,
nicht mehr König von Preußen.

Er hätte vielleicht die Patrioten von ganz Deutsch=
land gewonnen, aber — er wäre kein Hohenzoller mehr.
Gebrochen mit allen historischen Traditionen, statt eines
alten Königthrons ein neuer Thron auf den bewegten
Wellen der hochgehenden Revolution, ein Spiel der ge=
waltigen Bewegung! Heute Kaiser von Deutschland,
morgen vielleicht nichts — — —.

Die Hohenzollern werden sich hüten, der Revolution
die Narren zu machen! Und wer will es ihnen übel nehmen?

Oder sollen sich — geht die Thätigkeit des Natio=
nalvereins dahin? — die deutschen Regierungen freiwil=
lig mit Land und Leuten an die Hohenzollern geben?
Soll Preußen friedlich um sich greifen, seine moralischen
Eroberungen ganz gemächlich in physische verwandeln?
Ja wohl! Die deutschen Fürsten werden sich eilen, den
Hohenzollern den Fußschemel zu machen!

Was sind all diesen Erwägungen gegenüber die gol=
denen Hoffnungen auf Preußen? Wohlgemeinte Phanta=
sieen, weiter nichts! —

III. Der in Aussicht stehende Krieg Frankreichs gegen Preußen.

Es gibt Viele, welche meinen, unsere definitive staatliche Einheit könne auch durch einen Krieg Deutschlands mit dem Auslande herbeigeführt werden.

Dieser Satz ist an sich nicht unrichtig; nur muß man ihn, da er wegen seiner weiten Fassung zu vielen Irrthümern Veranlassung gibt, präcisiren, was in Folgendem geschehen soll.

Da bei obiger These wohl Jedermann stillschweigend den nächsten Krieg vor Augen hat, so muß ich vorgängig darauf hinweisen, daß dieser nächste Krieg sich muthmaßlich zwischen Frankreich und Preußen entspinnen wird.

Ich setze dabei allerdings voraus, daß Frankreich und England (mit oder ohne Congreß) die italienischen Angelegenheiten nach ihrem Willen und ohne daß beachtenswerther Einspruch erfolgt, erledigen.

Daran nun, daß Napoleon III. das linke Rheinufer mit Frankreich zu vereinigen gedenkt, wird hoffentlich kein Politiker mehr zweifeln. In einer frühern Schrift

(„Wiederlegung von Carl Vogt's Studien zur gegenwärtigen Lage Europas," Frankfurt a. M. bei Benj.
Auffarth)*) habe ich nachgewiesen, daß diese Eroberung
für Napoleon III. sogar eine politische Nothwendigkeit ist.

Die napoleonische Politik ist inzwischen klarer hervorgetreten; ich spare mir daher eine nochmalige Erörterung der beregten Frage. Es handelt sich meines Erachtens nur darum, ob der Angriff Napoleons III. auf
Preußen die nächste Kriegsoperation des ersteren sein
werde. Man hat die Vermuthung aufgestellt, der nächste
Krieg würde England gelten; später erst werde an
Preußen die Reihe kommen.

Dies läßt sich hören; ich glaube es jedoch nicht und
zwar aus folgenden Gründen:

Napoleon III. ist zwar kühn und unternehmend, aber
auch klug und umsichtig. Die Schwierigkeiten einer Kriegs-
action gegen England werden ihm daher nicht entgehen;
diese beinahe unüberwindlichen Schwierigkeiten aber sind
folgende:

---

*) Ich sehe mich genöthigt, hier Folgendes zu bemerken:
Auf Grund obigen Titels könnte jemand auf die Vermuthung
kommen, ich hätte mich in der gedachten Brochüre, in welcher ich
Vogt entgegen die Unterstützung Oesterreichs durch Deutschland
anrieth, der zur Zeit des Erscheinens derselben sehr verbreiteten
Ansicht, Karl Vogt sei bestochen, angeschlossen. Dem ist nicht so.
Ich bin „den Gründen eines gewichtigen Gegners mit Gegen-
gründen gefolgt", wie die Recension in einem hiesigen Blatte sich
ausdrückte, nimmermehr aber wäre es mir eingefallen, einen so
unwürdigen Verdacht gegen einen Mann zu schleudern, der im
Jahre 1849 bis zum letzten Augenblicke und in jeder Gefahr unerschütterlich zur Fahne stand.

England würde bei nahender Gefahr — dieselbe kann nicht ganz verborgen bleiben — seine Schiffe aus allen Stationen zurückziehen, auf die Gefahr hin, viele seiner Colonien momentan, manche definitiv zu verlieren; es würde dies thun, weil im Falle eines Unterliegens des Mutterlandes und des Verlustes der Seeherrschaft die Colonien selbstverständlich verloren gehen würden, während der Verlust selbst wichtiger Colonien das Mutterland zwar schwer, aber nicht entscheidend treffen würde. Der Stamm kann ohne die Aeste, diese nicht ohne jenen sein. Es käme also bei der fraglichen Unternehmung zunächst darauf an, die französische Flotte gegen die Gesammtmacht der englischen zu erproben.

Erwägt man die Bedeutung der vereinigten englischen Seemacht, die specifische Tüchtigkeit der englischen Matrosen und Seebemannung überhaupt, endlich die in England fortwährend stattfindenden Rüstungen und Vorbereitungen, so wird man wenigstens zugeben müssen, daß die Chance des Sieges eher für als gegen die englische Flotte ist. Welch ungeheures Risico aber läuft Napoleon III., wenn er sich dem, wie gesagt wahrscheinlichen Falle, aussetzt, die französische Flotte, das Schooßkind und die Eitelkeit der Nation seit Jahrzehnten, mit Einem Schlage zu vernichten. Geschlagene Armeen sind zu reorganisiren, zu ersetzen, vernichtete Flotten sind definitiv verloren und erst nach langer Zeit ersetzlich.

Napoleon III. würde demnach, könnte man denken, versuchen, eine Landung zu bewerkstelligen, ohne den Seekampf aufgenommen zu haben.

Da die englischen Flotten trotz ihrer numerischen Stärke nicht überall längs der großen englischen Küste anwesend sein können, so könnte eine Landung, obschon sie höchst gefährlich wäre, da immerhin eine Flotte dazwischen kommen könnte, allerdings gelingen. Allein eine solche Landung ließe sich nur denken mit etwa 30 oder 40 tausend Mann. Es liegt aber auf der Hand, daß eine Armee von dieser Stärke nicht hinreichend wäre, in Feindesland entscheidende Erfolge zu erringen. Die Schwierigkeiten des Uebersetzens einer großen Armee aber, welche zur Bezwingung Englands hinreichen könnte, sind so groß, das Unternehmen so langwierig, daß solcherlei ohne Dazwischenkommen der feindlichen Flotte nicht ausführbar ist. Sollte es aber möglich sein, was dann, wenn nunmehr die englische Flotte die gelandete Armee von dem Mutterlande abschneiden würde? Der Seekampf wäre unvermeidlich und die Armee würde nunmehr wahrscheinlich definitiv abgeschnitten werden, b. h. dem sichern Untergange preisgegeben sein. Sie könnte sich freilich einige Zeit im Land umhertreiben und den größten Schaden anrichten. Bei der in kritischen Momenten immer hervortretenden Energie der Engländer würde sie jedoch, als außer aller Verbindung mit dem Mutterlande, nach einiger Zeit unterliegen müssen, zumal es von englischer Seite zu einem Verzweiflungskampfe kommen müßte. ·

Nehmen wir aber sogar an, Alles gelänge, die englische Flotte sei vernichtet und eine große französische Armee in England eingedrungen, so wird man immerhin einsehen, daß Napoleon III. einen auch qualitativ

4

bedeutenden, vielleicht den besten Theil seiner Armee da=
hin absenden müßte. Die andern Mächte aber würden
in diesem Falle wohl begreifen, daß wenn diejenige
Großmacht, welche militärisch zu Land die erste ist und
welche nunmehr die alleinige Seeherrschaft errungen
hätte, nicht in dem günstigen Augenblicke, wo sie eine
große, tüchtige Armee außer Landes hat, von allen Sei=
ten angegriffen würde, sie fortan die alleinherrschende in
Europa bleiben müßte. Die Größe der Gefahr, verbun=
den mit der Gunst des Augenblicks, würde höchst wahr=
scheinlich die Mächte einig machen und eine allgemeine
Invasion nach Frankreich bewirken.

Dies sind, freilich nur kurz scizzirt, die Gründe,
welche gegen eine Unternehmung Napoleon's III. gegen
England sprechen.

Dabei ist überdies sehr zu beachten, daß England
ihm zu Willen ist und (nach der dermaligen Parteicon=
stellation daselbst in Verbindung mit der Richtung der
öffentlichen Meinung zu urtheilen) auch wahrscheinlich
bleiben wird. Uebrigens kann man, wo die Politik in der
Hand eines Einzelnen liegt (wie dies in Frankreich der
Fall ist), nie aus sachlichen Gründen zu einem sichern
Schluß gelangen, besonders weil solche Herrscher sich zu=
weilen in eine Lieblingsidee verrennen und dadurch für
die Schwierigkeiten der fraglichen Unternehmung blind
werden. Bei all dem ist übrigens nicht zu verkennen,
daß bei der beispiellosen Complication der englischen
Handels= und Industrieverhältnisse, bei dem tausendfachen
Ineinandergreifen aller Thätigkeiten daselbst, bei der
Menge des Proletariats auch ein nur halb gelungener

Coup dem britischen Reiche möglicherweise einen so nachhaltigen Stoß versetzen dürfte, daß dorten alles aus den Fugen des Hergebrachten gerathen könnte. (Macaulay, im 4. Bände seiner Geschichte von England, bespricht in ähnlichem Sinne die Folgen etwaiger innerer Unruhen in diesem Lande.) Sei dem übrigens wie es wolle, so bleibt immer wahrscheinlicher, daß die nächste Unternehmung der großen Friedensära gegen Preußen gerichtet sein wird, weil Napoleon III. hiebei sicherer, ohne wesentliches Risico und sogar mit der Wahrscheinlichkeit des Erfolges operiren kann.

Ich kehre zur Hauptfrage zurück:

Ich nehme an, daß ein Krieg Frankreichs mit Preußen eine Cooperation Oesterreichs mit letzterem hervorrufen würde, mit andern Worten, daß ein französischer Angriff Deutschland ad hoc vereinigt fände. Dieß ist übrigens leider durchaus nicht gewiß, da Oesterreich nebst Anhang möglicherweise Preußen im Stiche läßt. Da es aber im eigenen Interesse der österreichischen Dynastie liegen würde, der preußischen Regierung ihre Schwäche im kritischen Momente (weiter war es nichts; es war kein böser Wille!) nicht nachzutragen, so dürfen wir wenigstens hoffen, daß eine Cooperation eintritt. Nichts wäre schimpflicher für die nationale Ehre, nichts schädlicher für die nationale Sache, als wenn Deutsche irgendwo die Regierungen in dem etwaigen Versuche, Preußen nicht zu unterstützen, wollten gewähren lassen.

Da ein auf das linke Rheinufer unter irgend einem Vorwand einmal unternommener Angriff Frankreichs nicht wohl auf halbem Wege stehen bleiben könnte, so

4*

sind zwei Fälle für den Verlauf der Sache zu unter=
scheiden:

1) Der wahrscheinlichere Fall:

Wir werden besiegt. Ohne mich näher auf die Frage
einlassen zu wollen, ob dies wirklich wahrscheinlich ist,
will ich nur die Hauptgründe für diese meine Ansicht
andeuten.

Die Unzuträglichkeit des Umstandes, daß die ver=
schiedenen Contingente verschiedenes Kriegsmaterial und
verschiedene Einrichtungen haben, ist bekannt. Ueberdies
werden die Regierungen über die Direction der Ange=
legenheit, insbesondere über die Führung der Armeen,
wahrscheinlich so lange debattiren, bis es zu spät ist.
Ferner wird ein Dutzend Prinzen wichtige Commando's
haben wollen und, da die Regierungen nie über unter=
geordnete Rücksichten hinauskommen, leider auch erhal=
ten. Ferner: wo sind unsere Mac Mahons, Canroberts 2c.
Sie sind ohne Zweifel da, aber wie lange wird es dauern,
bis sie herausgefunden sind? Und endlich — was weit=
aus die Hauptsache ist — einer Kriegsarmee würde eine
Friedensarmee gegenüber stehen. Wer auch nur den ober=
flächlichsten Begriff von militärischen Dingen hat, wird
wissen, wie wesentlich — unter sonst gleichen Verhält=
nissen — dieser Unterschied ist. Dabei vergesse man nicht,
daß Oesterreich höchst wahrscheinlich unter allen Um=
ständen durch Ungarn und Italien (besonders wenn
es von letzterem bis dahin noch einen Theil hat) ge=
lähmt sein wird.

Sind wir also besiegt, haben wir das linke Rhein=
ufer einstweilen verloren, was dann?

Dann glaube ich allerdings wird eine entschiedene Bewegung in Deutschland die Folge sein; dann werden wir einig oder wir werden es nie. In diesem Falle haben allerdings die Cabinete die Einheit bewirkt, aber in höchst eigenthümlicher Weise.

Es ist sehr zu beachten, daß im Falle des gedachten Länderverlustes höchst wahrscheinlich auch das Militär mit den Regierungen unzufrieden würde, da diesen mehr oder minder eine Verschuldung imputirt werden müßte. In dem deutschen Officiersstand, auf den hiebei viel ankommt, ist nämlich, obschon das Militär von den Regierungen vielfach zu Spielereien mißbraucht wird, doch viel wahrhaft militärischer Geist unläugbar vorhanden. Die deutschen Officiere würden sich meines Erachtens schwerlich über den Verlust des linken Rheinufers so schnell beruhigen. Sollten sie dies aber thun, so wären bei dem tiefgehenden Eindruck, den der Verlust jener Länder durch theilweise Schuld der Regierungen machen müßte, Militärrevolten wahrscheinlich.

2) Wir sind siegreich.

Man glaube nicht, daß in diesem Falle eine Bewegung gegen die Regierungen erfolgen würde. Ich berufe mich hier auf die Lehren der Geschichte, aus welcher der unbedingte Satz zu abstrahiren ist:

Daß selbst die unumschränkteste Regierung durch einen unglücklichen Krieg mit dem Ausland an Macht im Innern verliert, und die Regierung selbst des freiesten Landes durch siegreiche Kriege nach außen an Einfluß im Innern gewinnt.

Hingegen würden wahrscheinlich die Cabinete vermöge des mit einem solchen Krieg jedenfalls verbundenen nationalen Aufschwunges gezwungen sein, große Concessionen im Sinne der Nationaleinheit zu machen und es wäre somit allerdings ein erster Schritt (als etwas andres dürfte dies nicht betrachtet werden!) geschehen. Ein erster Schritt in solchen Dingen aber ist verhängnißvoll. Es wäre übrigens in Betreff Preußens, wenn dessen Politik in entschiedenen Händen läge, bei der ganzen Angelegenheit eine merkwürdige Eventualität denkbar, die ich aber, da sie noch andere unwahrscheinliche Bedingungen voraussetzt und daher zu sehr in das Gebiet der Phantasie überführen würde, unerörtert lasse.

IV. Resultat.

Viele, die mit mir auf demselben Boden democratischer Gesinnung stehen, verzweifeln an der Möglichkeit
der Herstellung unserer Nationaleinheit, weil sie, Gothaischen Vertrauensträumereien fern, einsehen, daß dieselbe
weder durch Preußen noch durch eine Cooperation der Cabinete herbeigeführt werden kann.

Obschon ich selber zugeben muß, daß das Werk ein
schwieriges ist und vielleicht niemals zu Stande kommt,
so muß ich doch hervorheben, daß dasselbe nicht hoffnungslos ist. Und hierin unterscheidet sich meine Anschauung wesentlich von der oben bezeichneten.

Wenn wir uns nämlich einerseits die im ersten Theile
dieser Schrift, andrerseits die in den späteren Theilen
derselben gefundenen Resultate vergegenwärtigen und dieselben nunmehr zu einer Gesammtbeurtheilung verbinden,
so gelangen wir zu folgendem Endergebniß:

Bei dem in Europa allerwärts angehäuften Zünd-
stoff, bei der Gährung, welche wir in verschiedenen Staaten beobachten, bei der symptomatischen Schwäche und
Rathlosigkeit der legitimen Regierungen, bei der Zerfah-
renheit der Gesammtverhältnisse kann es sich nicht fehlen, daß in nicht ferner Zeit irgendwo ein gewaltsamer
Ausbruch im Sinne des modernen Geistes erfolgt. Es

ist wahrscheinlich, daß aus denselben Gründen eine beß=
fallsige Bewegung überall den Boden zu einer Nachwir=
tung mehr oder minder bereit findet. Mit andern Wor=
ten: Es kann nicht bezweifelt werden, daß Europa neuen
Stürmen entgegengeht. Wie lange es noch dauern wird,
vermag freilich Niemand genau zu bestimmen, aber so
gewiß der Morgen zum Tage wird, so gewiß ist die
Entscheidung nicht mehr ferne. Den deutschen Regierun=
gen aber wird es vorkommenden Falls noch weniger wie
im Jahre 1848 möglich sein, sich dem Gewicht der
allgemeinen Weltlage zu entziehen; sie werden
vielmehr gleichfalls von deren allmächtiger-Wir=
kung berührt werden. Endlich ist es sogar möglich, daß
wenn die Regierungen in kritischen Augenblicken in ihrer
bisherigen Schwäche verharren, bei uns selbst die Bewe=
gung beginnt. Das Jahr 1859 hat manchen Conserva=
tiven, manchen Gothaer zur Democratie bekehrt.

Es fragt sich also ganz einfach, ob der günstige Au=
genblick, einerlei in welcher Weise er eintritt, in dem
deutschen Volke die Begriffe soweit geklärt vorfindet,
daß dasselbe, allen Vertrauensträumereien fern,
in bestimmter Erkenntniß dessen, was noth thut, und
mit dem festen Willen, die nationale Idee zu rea=
lisiren, die Bewegung handhabt.

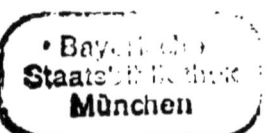